广州诗词之都丛书

断弦音

陈会玲 著

SPM 南方传媒 | 花城出版社
广州新华出版发行集团
广州出版社

目录 — CONTENTS

怀想

一个人读一些文字太久
就想去见你。清晨沿着河岸向北
傍晚的落日把我逼回向南的屋子
或者登上一列绿皮火车，托腮看着窗外

唉，矛盾的风景，你已早于我描绘
你留下的一朵白云，正攀爬着时代的山腰
这缓慢中的力，把一行打滑的诗句
推向干燥的年代

二十年后，我突然听见你的嗓音

真相

想到自己会死的孩子，在墙角哭泣
世界早已存在，不会因为一个人的出生
而变大，也不会因为一个人的死亡而变小
多么残酷。擦枪走火的一生仅仅活在纸上

于是爱上漫游，温和压住毒舌
成为中年的教养。一只老虎囚于铁笼
一群老鼠攻占城市
阵雨落在池塘，你不能说出更多

“我没有说出的，恰恰是真实的”

拥抱

五岁时我独自到河边汲水
坐在一块圆石上，看着水底的影子
蜡黄的脸蛋，腼腆的笑容
我有点喜欢她，又有点讨厌她

如果我是村里那些早夭的孩子，随水漂走
谁会想念我？远处的竹林在风中摇曳
草地上的老牛在望着我，它有一双
泪汪汪的眼睛。我流泪望着它

如果它有一双手，它一定会拥抱我

虚弱

稻草人恪守职责，但她在梦中行走
蚂蚁在暴雨前搬家，但它伸出愤怒的拳头
被驱赶的蜜蜂，也逆风亮出生命的短刺
这暗中的冒险，提醒我的虚弱

一只远方的黑狗在返回的路上
我嗅到它跳过篱笆的味道
而木棉花砸落头顶，回忆的裂缝
一个滞留的人终于看清浓雾的背面

那张沾着墨水的脸，一再被岁月推远

不忍

难以置信，记忆出现了斑点
没有人是存在的，连一场雨也悄无声息
他们都已消失，成为一个全新的人
像一棵桦树，剥掉了全身的皮

你在童年的窗口探身，以为还会看见
穿校服的少女走过巷口。唉，连一只鸽子
都是陌生的。你在一篇小说里阅读自己
“看看，这灰头土脸而又浑然不知的少年”

我不忍写下这一句：我虚构了你

表白

——给旻旻

如此陌生。经验之外的勇气带来好奇
“如果被拒绝，我该朝哪个方向逃跑？”
浴室里的镜子永远安全。在氤氲的水汽中
画一张脸。浮现，然后消失，水珠抹去线索

我们遐想的，往往是羞于谈及的部分
“最动人的情感，来自对无望的忍耐”
我吃了一块烙饼，接着又吃了一块……
直到双唇紧闭，无字可漏

抬头望去，一架飞机停在梦境的屋顶

边缘

人潮涌向前方，我选择了朝后
“谁说相反的路径就不是一种领先？”
但我只想退到桉树林的那边
阳光照亮前面的枝叶，我与树阴在一起

灯光没有完全落下，每一个舞台
都有一个虚构的中心。我看见合影时
七岁的女儿侧身，往后站了站
这是不是人生的隐喻？但她有着明媚的笑容

我只想从一棵树后踱出，站在她的身旁

故人

拍下一片午夜的海，你在流光中
说再见。时间过去了多久？密友成了故人
我记得你离开时的样子，就是
一张办公桌变空又落满灰尘的样子

在珠三角的公路上，遇见烈日下
劳作的农民，你突然打了个寒战
“在经历的所有日子里
只有告别的一刻才让我幸福”

春风清柔，我有了和你一样的硬心肠

归来

电视上的主角去了渡口，他穿着风衣，凭栏而立
而在另一部剧里，他被安排乘坐飞机，靠窗沉默
离开总有各种煽情的姿势。而归来却是 ——
“一个漫长的计划，一直在路上……”

我想象的一场朗诵是在山坡，或者霸占草地
躺着或者坐着。朗诵者挥动手臂，那么激情
而观众那么慵懒。你在最后一刻出场
你那被南方修改的口音，一点点地挑衅

现在，我握着你的消息，冥想中传来一声雷鸣

信任

我遗失的事物如此之多。青山和覆盖青山的野草
我悲伤地爱过，又在嫌弃中逃离
一个木制的玩偶，洪水漫过老屋，带走了它
我沿着村子的道路寻找，道路泥泞，道路丢失了
　自己

我信任的事物如此之少。只能以遗忘的方式珍藏
当我从拥挤的地铁下来，在夜色里徘徊
不愿推开那扇门。她们在我身后，像重叠的文字
跟随。以沉默的喉咙，唤醒一个张皇的影子

在街角迟疑的人，回到了窗前的书桌

小镇天堂

当我回到故乡，失眠就代替了回忆
重新站在旧街角，也没有了那些
骑着单车穿梭，不肯离去的青年
少年时一起归家的，只出现在留言里
我无法辨出远处走来的人群
有她吗？或者是他？而我在旧桥
看见秀梅，在多年前的五月
在练习飞翔，她张开了双臂
她的快乐驾驭着风，恐惧留给了
两百公里以外的我。如今我回到这里
想象推着我走近，一个斑驳的桥墩
她太骄傲了，她选择了完美的起跳
她选择随水漂移，像一条枕木，那么年轻
但我不是因为她的年轻而悲伤
我的悲伤在一点一点减弱，直至湮灭

——我为这样的自己而悲伤

独自站在桥上看着山边的落日

一种陈旧的美涌现，我突然感到了喜悦

——我为这样的喜悦而悲伤

在她消失的地方，小镇的单调成为天堂

不甘的人离开故乡，留下的人获得平静

街心小卖部，她爱过的男人穿着拖鞋

热情招呼路过的熟人

他有着中年的肚腩和难以判断的幸福

小镇之夜

也没有什么不同，除了我的衰老
节日升腾的烟花是另一种寂静
河水执拗，在无声中翻腾奔向珠江

河岸边的樟树伸出长长的喙
是一个巨大的问号暴露所有的疑云
我从二百多年前的树梢穿过

在路灯下看见阴影在风里移动
当夜屈服于黑，光亮就是唯一的失败
但我知道世事只隐藏危机，而不会有答案

甚至没有发问的人。溯流而回的人
休憩在这里，像一尾鱼躲在石头下
她想要有一段漫长的，施了魔咒的睡眠

远山分割于云端，低处是荒芜的田地

经验里的事物，无需想象，更不需要思想

就像现在，黄泥粘上鞋底，而我懒得抖动

小镇之巅

想到山上去，在饱睡的午后
在灌木丛中攀爬，直至站定
没有孤鹰从头顶飞过，空寂
是我需要的。但有一颗野果
以褐色的苍老，挽留了我
山顶仅有一棵松树
簌簌而下的松针，一层一层
覆盖……冬天，还是春天？
在南方的炙热里，时间
放弃规导，季节就不再重要
而我此刻，着迷而致沉默
一本诗集滚下山脊，代替我留下
风会重新修改它的韵律，我确信
在多年来的逃离和返回中
故土的接纳，不是敞开的怀抱

而是山巅的一次眺望。停顿之间
我听到歌声，虚弱的美
抚平了焦虑。唱歌的人睡着了
他的清醒仅限于午夜
他被无力攫取的荣耀折磨
而我遗忘了嘲讽的腔调
一片叶子来到唇边，我吹响了
松果一般豁裂的内心

晚安（一）

从狭长的溪边散步归来
她的身上奏响了落日的音乐
在一次次的蛰伏中
失眠敲响凌晨的木门
她走进夜的深处，更深处
她听见自己的声音在询问

“你累吗？”“哦，不，我从不”
不知疲倦的未眠人，拒绝逃逸
他去往的明天就是辽阔的大海
而她是海浪里的一滴蔚蓝
被阳光改变，照见一个不安的身影

破马车驶过屋顶，没有停顿
她侧耳倾听了一会

确信自己依然漂浮在现实中

但再也想不起那个道晚安的人

她走出梦游者的房间

天气预报中的那场雨还没有落下

晚安（二）

乌鸦又被惊飞，它的白眼带着禅机
这是最后一夜，江水只流到海珠桥

隐匿广场的人群，一再被驱赶
但所有的自由都暗合着疯狂

街口唱歌的人，歌声中掩饰的口音
早已在去年的梦中听见

晚安（三）

一朵莲花打开
让我在悬崖边老去吧

一条离家的狗卷起了尾巴
我模仿它伸出舌头

吐出一个夏天的炙热
只能如此啊！谁在消失

而我看见莲花合拢
而我不能唱起挽歌

晚安（四）

被时光捆绑的，是麻木的四肢
她充满疲惫，从不说出爱

未曾获得的，也就无谓悲伤和失去
但她孤寂的灵魂依然在城市的夜空下

在初春的一阵阴风里仰望月亮
温柔的覆盖就是更为残忍的拒绝

她停在树下，一枝柳条捋光叶子
笑容在闪烁间，长出清明的霉斑

晚安（五）

我以为你去了很远的地方
一个圆形的湖或者一座方形的山
那里有一块平地、一间玻璃的房子
你在里面唱歌，你永远不会出来
你有永恒的听众，他们永远在说话
我在返回的路上哭泣不是因为爱
我为暴雨熄灭灯火哭泣不是因为恨
只是晚风吹走了我的帽子，我迷失在丛林
只是黑夜一次次来临，我赶不回那晚的窗前
我要对那张年青的脸庞说，你将梦见麋鹿
我要对那双忧伤的眼睛说，你无需再等待
那些悄悄消失的一定不是往事
那些慢慢汇聚的也不可能是绝望
尚有一声晚安来自病中的五月
尚有心脏的绳索牵出捆绑的勇气

晚安（六）

一场病清扫着更久远的病

一个人又躺进了昏沉的夜

暴雨击打着窗户

像往事蒙头击打着我

那个挥拳的孩子去了哪里

她气鼓鼓的腮帮慢慢凹陷

她说要带着清晨的露珠和燃烧的

火焰，来到无眠之地

而我已经告别，就要启程

我不知道那是咆哮的大海

还是更深的梦境

晚安（七）

没有故乡的人在年老时
经过一个村庄
她听到哀乐响起，唢呐声声
一个更老的人在葬礼上安睡
亲眷围拢，哭几声停一阵
这不曾使她恐惧
她知道墓穴就在山坡上
新挖的泥土有着潮湿的清凉
灌木丛中的枫树混杂着松针的清香
松鼠就在眼前，而不是梦中
啃噬着松子。她代替她躺下

她重新获得了故乡，在秋天的山岗上

在海珠桥

他的歌声就是他的幻影
为此珠水流过，熄灭灯火中的心脏
为此春夜震颤着，海珠桥的亡灵
为那因漫长的缺席而等待的一夜
我从右边返回，我又听见了那嗓音
陌生里的混乱，是一张路灯下消瘦的脸
凝视着浪花离岸。船只能带走什么？
它们在江面来回，不过是怯懦者的进退
而我看到一种勇敢，戏谑着权力的驱赶
是一首歌里的真实，是一再升高的音阶
但面包挂在空中，理想主义者的反抗
由贫穷勾勒的艺术。他需要这样的痛苦
挤压着逼迫的世界，疲惫并且愤怒
直至黎明背叛黑夜，直至多年前的青草地

出现在桥下公园。一群流浪汉拍打着蚊子

一张木椅坐着，一个时光中的失败者

在西江

在西江的岸边我们辨认出
疍家的渔船。竹子延伸出去的
栈道，孩子们在平衡中冒险
我们只是站着，在更安全的堤坝
看瓦片打出童年苦练的水漂
游轮踱步江心，吐出的浪花是安静的
但风是固执的，它把远处祭拜的香灰
吹到我们身上。这是清明节的提醒
或者是信赖？我几乎要忘记
在陌生之地如何怀念熟悉之人
斜坡上，一大片的狗尾巴草刚刚长出
稚嫩的尾巴。它们疯狂，想要摇出
春天的画框。而我只想离开
只想不沉醉，任何一种风景或生活

在熹乐谷

别墅吹来的山风，我们短暂拥有
第四瓶红酒开启着他们的感恩
“满足这一切吧！昨日我们还两手空空”
那抽掉昨日和昨日困苦的记忆
今日的幸福是否存在和真实
还是蓝天也露出乌云的獠牙
亭子里谈笑的女人们，转而倾诉苦恼
一点点，只为引起更多的谈资和共鸣
就像，在糖罐里扔进一粒盐
一个徒劳的动作而无需费力找出
话题之内的孩子们，扑腾在话题之外
他们的欢乐像泳圈，挤推着漂浮在池面
忧伤则是一只爬行的龟，慢慢潜入池底
我在院子里散步，忍耐着夜来香的浓郁
山顶上的一排灯光，铺泄着一贯的神秘

但中年的迟滞让遐想越来越微弱

一扇锈青的铁门，关闭了抒情的方言

白日里开放的月季，为何让我在夜里观赏？

不必

秋天还没有结束

我们试图穿越一片古树林

它们有着和我们相同的名字

一个叫青春的青，一个叫贫穷的穷

它们形如八卦，旋转着莫名的威严

这时有一盏马灯，悬挂在夜的腰部

你有了更快的步伐和更决绝的身姿

而我慢慢停下了脚步

多年以后，你不必在幸福的亮光处

朝着身后的暗影，喊出我的名字

三人行

——给小雨和梦见

在共同的病中我就会穿越

去年五月的小村庄

山蚊和苍蝇追逐着三人的忐忑和喘息

我们踩着潮湿的石板赶往房东口中

神秘的瀑布，隐藏的风景

唉，白练飞溅无法溢出惊奇

远方也困顿于提供陌生的美

到很远的地方去就是到空无中去

但我迷恋上怪异的巨石和你们

站在暮色里抽烟的手势

山下，小东江的薄雾慢慢消散

天边，太阳的余烬用尽全力

像贫困的人，就要偿还最后一笔债务

沉重而欣喜地翻空口袋

我看见光的金币闪耀在你们脸上

这无尽的馈赠，你们沉浸并像找到爱

苍穹围拢，茅草收拢翅膀

而酷热撤退。一场小雨又要到来

我们站立，仿佛三棵果实零落的桃树

摇摆着被风修剪的树尖

仿佛被他们铸锁的一整条江河

流淌着难以把握的沉默

好久不见

所以，去梦穴寻找你

我写下我们，我只是需要一个同伴
和我站在桥上
经受蛊惑，没有跳下去

我写下你，我想和一个人对话
虚构另一种真实
你在倾听，你没有回答

我们见面，我伸出手
我说你好，被忽略的另一个我
我又陷入了深深的沮丧

你的微笑是清瘦的，你说——

我们，好久不见

我们，一起从虚空中返回

洒水车

横行城市的庞然大物
从来没有驶出过 2003 年

我从城中村阴暗的巷子闪出
我孤身来到沤热的冼村大道
在焦躁的夜色中，洒水车开来了
绿色的身子，喷洒着旗帜般的骄傲

我看到 1999 年冬天，新港中路的洒水车
闪电般打湿了我的鞋子
但我有了机警的听觉和身子
练就了无所事事的麻木和荒唐

在一瞬间的恍惚中
路灯空现出一片金黄的水域

我奔向波光中一个白色的身影
一辆洒水车，一个会唱歌的厌世者

我以为我听到了风和风里的故乡
我将在这样的歌声中遐想并老去
但那声音突然破碎，光亮消失
我滞留在长久的回忆里

今晚我站在天河北的街头
洒水车固执地开来，洁净我的灵魂
我知道，在黑暗中沉默的人
不曾失去什么，也不再获得什么

梅花没有一颗简单的心

我曾去往一片梅林

但没有带回梅花

我看见花朵在凋落

这时养老院的门洞里

走出一位老人

她把衣服晾晒在灌木丛中

她疲惫地望了我一眼

接着把空空的视线转向黄泥小路

风在跑动中带来霉变的气味

她默默接受我的凝视

一个十岁孩子的目光

还无法描绘出这一切

还不知道命运将摊开什么

当我和你在夜行的出租车里

回忆起那枝未被折下的梅花

我们都已被押往中年的沙地
在松软的踩踏中
成为荒谬世界里沉默的树桩
“梅花没有一颗简单的心
那位在阳光下靠着栅栏的老人
和我们一样没有要等待的人”

阳光下有一片稻田

秋天，遇到一片稻田
一片被命名为“丝苗”的稻田
就是遇到中国南方灿烂的阳光
就是遇到阳光停留的一片金黄

禾身高挑，碧玉的风姿
是一群明媚的少女在风中跑动
她们追赶着湖边的白鹭
垂钓出山峦、泉水和鸟鸣

叶尖直立，谷穗低首
禾苗挥着锯齿，由青变黄
它们亲吻过暮霭和流云
如今等待一把收割的镰刀

空空的谷仓也在等待
一堆谷子摊开，摊开又收拢

仿若农人的账簿，悄悄摊开
——这粒粒积淀的财富和喜悦

一粒丝苗米脱去外衣
它是洁白的粮食，是米中之王
是人间草木的传说——
两百年前的僧侣，唤醒了一株稻子

一粒丝苗米走上逃离的路
它是飞翔的种子，去往了远方
是采撷种子的人，向岁月
深深地弯下了腰

我们看见，种植稻谷的人
被稻谷喂养的人
昨日沿着河流走向四方
今日正披着一身的月光，归来

我们去德庆柑园

听到阳光的呼唤我们就去德庆
看见阵雨落在龙母庙我们就去柑园
一棵柑树带着唐朝的根茎和宋朝的命名
哦，贡柑高悬枝头是青春的容颜
它有清甜的心和药用的皮
它有香火的明灭也有流水的旅程

我们倚靠在树下
树干一般的肢体仿佛还未老去
果实一般的脸庞爱上秋夜的月光
星光摇晃着心脏的尘埃
只要一刻的静默，静默散发柑橘的芬芳
只要一刻的幸福，幸福蔓延草木的修炼

我们到柑园去
在午后的梦里又看见白云爬上蓝天

一个个贡柑顺着彩虹的滑梯来到山岭

它们的生长就是神的礼物

就是完美的事物一次次重返人间

就是勤劳的双手又将财富采撷

有了忧伤我们就到柑园去

没有了忧伤我们也到柑园去

等待阳光来到脚踝，一点点浸染

等待北回归线上的风，停留树梢

有人在远处唱起了歌，万亩碧涛呼应

在寂静的喧嚣中，唱歌的人翻过了山丘

一天

除了等待

今天和昨天没有什么不同

那个穿蓝风衣的人

去往少年的梦境

他曾经有过一片海

如今他只要荒野

只要通向荒野的小径

落日照着沙滩上的每一个人

每一个都不是抽身离去的他

我虚弱的手挡不住命运的前额

“爱过的人，最后都回到了孤单”

在意

此刻他在梦中
海浪拍打着黑暗
失眠的人并不祈祷光的来临
风会带来什么，又将带走什么
无人在意。他只在意
日益发胖的身子
怎么跟上灵魂的轻盈
白发满头，这冬天的雪
是无法推迟的暮年
而睡眠是个深深的洞穴
他仿如少年，在穿梭、徘徊
藏身时发出的惊呼
是呓语，零碎地搬出洞口

阅读

我从一本小说里抬起头

书里那个最丑的女人

连同她最丑的女儿

死于一场流行感冒

窗外下起了雨

似乎现实也是虚构

也是无法消解的深深的倦怠

视线之外，阳光在移动

它照着海面也照着甲板上的他

它照着海鸟的飞翔也照着他的寂静

这是我从未到达的远方

忧伤突然而至，像海水

瞬间漫过海岸

林中

新年的第三天

我想到林中走走

很多我说不出名字的树

它们生长在异乡，也生长在故乡

如果小路蜿蜒，我会继续深入

如果悬崖切断去路，我也不急着返回

雨水从叶间滴落，这春天的冷

让我觉出尘世的暖……

光线穿越密集的树林

没有人在暮色的那头等候

我重新寻找一条未知的归路

所说

谈论得太多，以致恍惚
他所说的部分，我兴味正浓
未说的部分，我无法探询
一张照片藏匿了过去和未来
他对过去默言，对未来慎言
“时光流逝，我从未年轻”
红霞燃烧，轮船驶进港口
年轻的水手正在归来
“我从未厌倦过大海
但再也不能抵达它的远处”
他爱上了陆地的生活
并对不平静的世界保持平静
夜空下，他站立在沙滩上的身影
远远地朝着大海倾斜

陌生

没有什么能够摆脱我的想象
日复一日地涂抹和虚化
远方渐渐变得真实而辽阔
当我在凌晨的街头散步
紧闭的房屋和灰蓝的天空
清洁工人扫出宽阔的道路
无家可归的人睡在大树下
我茫然四顾，陌生像浓雾
紧紧地拥抱着我
还有什么能让我确信熟悉？
倾诉的欲望如潮涌，而倾听者
消失如潮退。唯有诗行里的他
依然安坐，依然没有举起手
捂住一双厌烦的耳朵

片刻

一株植物会不会失眠

我在连续的枯坐中焦虑

我度过的异乡生活

田野龟裂，山林后退

但有李花抢占山坡，笑脸隐现

河岸边的少女拾级而上

她捡起落叶，也采摘野花

我禁锢于阳台，在坍塌中平静

梦想中游历的一生，在睡眠中辗转

还没有一个春天让我出发

让我义无反顾，永不归来

还没有一个人燃起炮仗，驱赶我的灵魂

像驱赶一阵风，回到石头的心脏

漫长不过是片刻，我闭上了眼

不安

他在寻找中度过了青年和中年

年轻的父亲躲藏在暗处

看着他急速衰老

从不伸出温暖的手掌

从高处，覆盖他的不安

后来他航行于大海，在辽阔中

懂得了忍受孤独。在倔强中

慢慢地长成了父亲

他在文档里写下：命运、鸽群、光芒

对晚睡的朋友道一声：安

但阒寂的梦境无法呼应大海的狂啸

一个中年人最大的放纵，也只是让

南方的雪落满白头

喜悦

我在细雨中等着公车开来

这个城市还没有消弭新年的冷清

树依然是绿的，灯光也不昏暗

旁边的人和我一样，有着疲乏的面容

和淡漠的神情

他们和我一样，从细雨中走来

停在站牌下。我们默默地

朝着路面，看着公车开来

我在窗前的位置坐下

我看见那晚的他，在站台掏出手机

拍下车内的我。那时我穿着红衣

头发凌乱，我低下了头

现在我低下头，深山裹挟虫鸣

我的静默包裹着喜悦

难题

你解决不了我的问题
说话不能，沉默不能，我自己也不能
只身去到郊外，摩托飞驰着惊魂而过
风鼓起他的衣衫，蜗牛的后背
那年的苏州，江平路上的寂静
挤在一辆三轮摩托上
我抬头看了看月亮
似乎所有的星光都在聚拢
都在窥视。那一颗沉静的心
希望路更长更长。这遗留的痛
像永远无法破解的难题
而你们的笑声，一无所知

无用

对于才华平平的人来说
写下再多的文字都是无用的
它们沉默，以前在笔记本上
如今在电脑里
它们就像我的一生
被忽略，被删除
——我知道这一切
但我依然在书桌前坐定
我提笔，灰尘迎光扬起
但很快，被更大面积的昏暗所消融
窗外的木棉红了一树
这潮湿的春天。我对着窗门
念出新写的诗句
隔壁的寡妇，开大了音响
被覆盖的声音，你听不见

舞台

那片迷人的光牵引她进入
一生中的童年拉开帷幕
衣衫褴褛的女孩，牵着牛绳的手
被勒得通红。牛的饥饱
决定她一天的内疚或成就
她爱它，远胜爱自己
远胜成年后爱任何一个人
他们桃花一样的心，被看透
被石头一样的沉默所击碎
老牛带着刚出生的小牛
卖到另一个村庄。野草沾满泪水
她把头埋在了双膝间
远方收留了她的青年和中年
两座荒废的花园，闪着铁锈的光芒
晚年的钟声响起，舞台的灯光熄灭
她转过头来，她成为我

我是我唯一的观众

我起身离去，没有弄响椅子

挫败

这必然会带来孤独，当一场雨
被蒸发，而你青春耗尽
就像你感到挫败的那些日子
你离开时的那些日子
他们要么沉默
要么“嗯嗯嗯”变相沉默
哦，这时，钢钎也无法撬动
他们的眼皮。太阳也无法把他们
向日葵一样的脸，转向你
乌云越积越厚，你人世中的心
被薄凉的风吹过，但不留悲苦
南国的寺庙，香火里的众神
面目奇异，在静穆中看你
竹林稀落，掩映禅房
一群吃西瓜的和尚，比神还快乐

消失

电梯下降，那个失去工作的同事
消失在大楼的门前
“有理想的人，终将被理想刺伤”
他的后背微驼，脸上的表情
如雨水洗涮后的石阶。愤怒
已被中年剔除。一地的落叶
无人焚烧，恍如他身处过的
慢慢衰败的行业
而他的座位，新人放上了水杯
我曾痴迷于注视
一切消失，或者即将消失的事物
杂草夹出小路，通向村庄外的河流
消隐在时光里的亲人，挤在了路上
他们有着一张，暴雨时天空的脸
对此，我只记忆，从不挽留

虚构

我唯愿一切都在行走
像时光所虚构的那样，从不停顿
你从不出现。不在窗口，不在书桌
不在雨中，不在任何戏剧性的场合
你独步而来，安歇在诗中
完成的诗句，勾勒出了你的
一小部分。这一小部分
为消减我内心的疼痛而存在
我按着胸口的手，慢慢放回了衣袋
未完成的部分，指向模糊的你
更为模糊的，是我的焦虑
我在静默中抒情，或者叙述
在遗忘中记起，互道再见的那年
酒醉的我独坐楼下。你的歌声
像深处升腾的火焰，难以靠近

歧途

大雪封路，一列火车在半夜

悄悄停下。一个偏僻的小镇

在黑白电影里走了神

乘客在不安中翻身，咳嗽

我对着车窗呵气，默念

“下一场梦境，请抵达远方”

夜色中的山峦下蹲，前倾

一个奔跑的姿势，多么年轻

我所处的风景，镜框慢慢坚固

一切都在变得破旧，而我

正成为最旧的那一部分。钉子腐蚀

我羞耻的心，敞开了一个夜晚

迟疑的脚步，踩在了暮年的草地上

我每一次出发，都折返回了自身

没有一朵云彩飘向你

通向你的道路都是歧途

再见

“时间过得真快，我又要和你告别”
这是年少的我，在信里常写的一句
如今，我又要写下这一句
我以为这首诗会一直生长
从春天到冬天，至少到秋天
就像果实压弯枝头，秋天所拥有的丰收
一个完美的隐喻，带着臃肿的喜悦
事实上，在初夏就草草结束
午后变得安静。不远处的珠江
游轮驶过。它的波涛，轻轻荡漾
我盯着屏幕的眼睛，没有泪水
身上的补丁，被时光修复
在缓慢地愈合中，我送走了童年
那个悲伤的小姑娘
我再也没有想要到达的地方
所有的远方，都复制了我的故乡

到花田去

穿过花田，中年的身子
停顿。像陌生人
停留在了人群中
再灿烂的春光都是
单一的。这些怀揣秘密的
花朵，拥挤着
也是单一的
而短暂的到访
让花田陷入了更大的寂寥
即使如此，风吹过山腰
雨点折返云层
那尽可能展开的日子
是孤独的人掸去
身上的灰尘，是旧风景
动用了我内心的暮色

断裂

想到这个词时

我先是模拟了一下它的声音

轻微的，暗夜里珠子掉在了地板

巨大的，狂风吹过树林，枝丫被撕扯

恰好的，合掌拍死一只蚊子

清脆，力道刚好

接着，我审视了它的伤口

汁液、颜色、形状

辗转不同的角度，从云端到脚尖

变换着同情、不屑和痛苦

其实我最在意的还是姿态

缓慢脱离，出于自愿，才最优美

但我又惯于嘲讽优美

被骂，被踢，被轰赶

像一条老年的狗离开了家

这样的狼狈，才更决绝

让我待一会

如果不能去到云端
就让我在烟圈里待一会
我想昏眩应该是一样的

如果不能仰望那透着灯光的窗子
就让我在远处的树下待一会
背贴着树干，左手绞着右手

如果不能看见沉默的你
侧身依靠在往事上
就让我在楼梯口，在洗手间，在垃圾旁
在随便任何一个地方，待一会

夜谈

我跑上楼梯时，你已等待很久
我把迟到归咎于广州的交通
你宽容地应和，只字不提
你也是从下班的人潮中
挤赶而来。灯光有些昏暗
瘦弱的服务生推介了二人套餐
“浪漫。”他腼腆地笑
“我们不需要浪漫，只需要实惠”
我耳根发红，坚持各点一套
其实这并不实惠。你为我的固执多埋了单

我们谈起了天气和遇到的事
“坏透了，真是坏透了”
你一边摇头一边嘟囔着
这是羊城的暖冬，穿着薄外套

竟然觉得闷热。我们
切着牛扒，喝着红酒
担心着遥远的粮食
如果缺水，以后是不是只能吃
难吃的土豆？
这样的未来让人沮丧

必备的谈资是小时候
它需要独特，又需要共鸣
你的北方农村已经不是秘密
我南方的农村，像山冈上茂盛的树
带给我宽广的绿，又带给我大片的阴影
在阴影下的村人，他们的愤怒
和时时升起的犯罪念头
无法忽略。需要多少意志
才能生生按住
我迁徙到城里，依然需要用
漫长的时光，去消除这样的疼痛
你想点燃一支烟，但又放下——

“这样的时刻，我有过”
我沉默，望向邻座的客人
猜测着“这样的时刻”躲藏在
你生命的哪一段

年关，沿途是摆卖的鲜花和橘树
我们共走一段，朝向各自的家
多年来，我已经没有这样的夜行
在那间乡村中学
白玉兰花飘香的校道
晚修后我们夹书而行
各自思忖着明天的功课
这样干净的夜晚，没有爱
让人明清和沉静

我感觉诗歌又回到了我的身体
它曾长久地离开过
但我决定放弃虚妄的抒情
叙述让我松弛，让我想着

把这一首诗献给你

但这可能是一篇失败之作

我不愿在这样的未知中

写下你的名字

路过

野花开败

你始终倔强

而他带来的风

正好路过，正好温柔

雨声

让人难以入眠的
除了中年，还有雨声
打在空调机上
好像一生都在窗外

一瞬

靠近一个人只在一瞬
那时你写到山河呜咽
她恰好流了泪

未归

药物让睡眠变得轻浅

我沿着梦境的枝丫去找你

新茶温热，旧茶未倒

夕阳西沉，你还未归来

我独自坐了一会，又离开

修改

光落在稿纸

你圈出必须保留的一句

水管轰响，掐掉沉默

门一开一合，在幻听中关上

秋天洁净的天空

删除了一片桀骜的云朵

一个孩子期望

回娘家的母亲

走了一半的山路

慢慢停在一棵苦楝树下

抚着胸口哭完。就会回来

知道你会离开

真是揪心。扉页撕离书本
我在想象中被剩下
地铁飞驰，你侧着身子
闪进婚姻的黄线

于是我们去旅行，油菜花开满平原
你带着蟋蟀、蛐蛐和蜜蜂
我带着雨水、失眠和偏头痛

沿途，植物静默
一群人赶着月亮回到村庄
“年少时，我爱她
花园的钥匙攥在手心
但玫瑰还未启程，她已经
有了尘世的幸福”

在告别的树下，你依然孤寂

而一再提到的童年
是一部烂片。操着方言
在乡村土墙上，反复放映

黑夜挥霍殆尽，焦虑如悬崖逼近
我们叹气，面向湖心
握过的手抽不回去
但恒温太久，望向公园溜冰场的
眼神，还可以更热一点
以致能在飞机的内部
恣意俯冲；以致能在十一月的山顶
残忍地熄灭

更多的倾诉无关救赎
一个中年女人掩面哭泣
“青春的河床已经颓败

但爱情却是一条想入非非的河流”

整个下午，一张雀斑的脸

晃动着羞耻

我从一阵口吃中醒来

坏爱情

十年的光阴渐去
人流中疾步的少年
追赶上了中年的憔悴
他在骑楼阴影下伸出的手
被三月的微风轻抚
被记忆逼迫，变形

在一阵细雨打湿的路上
他赞美过遥远的风景
预测过财富和天气
跳过木棉花开放的街心
他对着月亮唱过歌
旁若无人的感伤
让夜鸟收拢了翅膀
这是我看到的一张脸

而幸福的光圈转向别处

这样的影像埋藏了多久
如此清晰而又紊乱
心里的泪水捧出整个大海
狂风呼啸，浪潮翻滚
而我只是眼眶湿润
“青春就是一场灰烬
那么坏的爱情
终于被你爱上”

如果，是甜的

如果逃逸的风景
开始停留，是甜的
好比把垂柳的羞涩
弯到水中，好比江南沉睡
你从前排车厢走来
我左侧的世界空无一人

如果辗转的往事
已经破旧，是甜的
一颗轰鸣的心，怎么平息
就像一个出走的卧底
迷了路，找扶着晨光
独坐，尘世的罪孽
含着泪水

如果用身边的一切事物
呼唤你，是甜的
而你独爱蓝色，热衷歌唱

如果这首浅薄的诗
让你读到，是甜的
落日盛大，你匆匆归来

如果这样，是甜的
我就没有徒劳地
怀抱薄暮，在低处等你

春天的病

你曾像一个老农
打量过春天平坦的腹部
并以忧愁的口吻说出
“没有一滴雨水的春天
正在一场隐蔽的病中”
你一直低烧的额头
就要冷下去的灰烬
像无处诉说的青春的疾患
不动声色地四处张望

关于春天的病
你还来不及最后诊断和发言
雨就来了
带走了一粒谷子
拒绝怀孕的愿望

一摊正在汇聚的雨水

让你看到了自己的面容

你还别无选择地目睹了

在一瞬间暗下去的天空

和一整个慢慢暗下去的四月

清晨

在咳嗽的梦境里起身
镜子耗尽一生的虚空
台风吹灭了昨夜的灯火
老人的遗言在村庄，还剩一句
远处一个孩子在哭泣
降生或者有着无人知晓的理由
新的一天似乎拒绝让你进去
像年少时的游戏
你在背光处练习
还未允许加入

用一个自己注视着
另一个自己向内伸缩
尖锐有如一颗子弹
闪亮并且击破世界的温和

痛的先是秩序，后是恐惧

臆想是一声微弱的呼叫

留不住飞鸟，天空留住了天空

桌上的稿笺暗淡下来

你创造的晨光碎在手上

春天还会来

光阴的大雾一再远去

风也轻了，夜那么深

一声力不从心的叹息

远处的晚年昏昏欲睡

空空四处走动的人

梦也是一场汗水淋漓的隐痛

“只要看到自己的影子

就无所畏惧”

爱在哪里

恐惧比爱更辽阔

你用右手给寂寞写信

左手却挡不住

漫山遍野的孤独

而我只在春天的树阴下

稍稍喘了喘气

阁楼

一只被囚禁的猫
尝试逃离阁楼
重重地摔了下来
它不太纯色的毛发
就是一场宿命的意外
有时你也这样
张开双臂，以为是翅膀
踮起脚尖，以为能起飞
坠落的愿望那么大
像一把匕首，插了二十七年
深得只剩下刀柄
紧紧按住胸口
也看不到轻盈的心灵
情绪的天气转眼成灰尘
轻轻地撞击地板

交谈

走过广阔的田野
坐到我的面前
“我会停顿在哪里？”
他唇角微扬
美和忧郁
像爱遇上了恨
让时间疲倦，脚步迟疑

我的冷漠与不谙风情
是空气阻塞了空气
每一个平庸的日子
都是远处发生的美
说出欲望，说不出厌倦
而我正为一次小小的聚会
脸色绯红，兴奋异常

偶尔在梦中抽身

看到流浪的自己

像被风刮起的信纸

光一样薄

粉末一样沉默

远行

斑马线上的身影一再闪躲
好让卑微的灵魂不要拥挤
列车拆分了梦境的栈道
背负理想的人昏昏欲睡
婚姻浸泡太久的体味
些许微酸和复杂
纵容嗅觉的错

时光的鞭子高悬
不断抽响，粉碎
慢慢苏醒的明天
谁沉默的喉咙
正要伸出迎风的枝条

我在黑夜中伏身
依然无法分辨

远行的秋季

需不需要花开

而无数废弃的白纸

寂寂相叠

渗出岁月的汗渍

多年来，我波澜壮阔的心事

藏在暗处

多年来，你响亮的笑声

就是一副喑哑的哭腔

老姑娘

来到残桥看夕阳
清凌的河水是蓝色的旧床单
抚不平隔夜的皱纹
这样的隐喻让她悲伤
世界如此安静
但安静的日子她厌倦太久

如今，她只渴望
能有一条干净的大道
有温暖的风吹着
和谁走在一起呢？
那些誓言不嫁的姐妹
都成了别人的妻子
像随手撒下一把种子
儿女满地

那个不谙世事的羞涩少年
那个大腹便便的丧偶男人
他们像树枝
向天空伸出过手
这都是十年前的影像了
偶尔在她的记忆里起身
抖抖灰尘

如今，她独自一人
在夜的内部翻身，喘息
在清晨的微光里看见
捡麦穗的人已经走远
她就像一串金黄的麦穗
留在了秋天的田野上

捉迷藏

真是够了，这夜色

这无休止的疲惫

你渴望再来一场游戏

童年月光下的捉迷藏

小伙伴的脚步越来越近

你按住惊悚片里的心跳

他的声音又越来越远

他们一个个现了身

你还躲在暗处。藏得那么深

那么隐蔽

以致他们回了家，他们遗忘了你

以致今天，你依然善于躲藏

躲藏了青春，所以青春无光

躲藏了爱情，所以爱情无声

你还打算继续躲藏中年

躲藏被雨水打湿的脸庞

在窗台，你躲藏了纵身飞翔的欲望

在人群中，你蜷缩着

越来越小，直到成为黑夜的一部分

公交车上的女人

这是下班路上的一趟公交车
夜有些晚，所以不算拥挤
我站在她的身边
她的脸侧向右边，眼睛闭着
她有一张光洁的脸，所以
应该不会为镜子里的雀斑而叹气
但我依然能看出她的年岁
和隐藏的秘密
她的睫毛湿润，我能想象
那没有喷涌而出的泪水
正随着车子的颠簸而破碎
她是不是有个正密谋摆脱婚姻的丈夫
是不是还有个刮雨器一般
刮去忧愁的女儿
黑色大衣下，胸脯微微起伏

像一头小兽，来到了林间的小屋

这时，也许她正爱着

或者空有一颗偷情的心

我的猜测被突如其来的羞愧打断

天河城到了，她适时睁开眼

起身下了车

我坐在她的位置上，脸向右侧着

窗外的广告灯针芒般闪耀

我闭上眼睛，感觉睫毛湿润

一路上，我的内心充满着悲伤

但我嘴角的弧度上扬

你们只看到一张取消了秘密的脸

不需要

快把手从椅子上放开
阳光正经过窗帘，带来温暖的风
和好看的图影
我需要这样的虚空和美
再不需要一双多余的手
覆盖生活的悲伤
我已经习惯沉默，就如现在
在午后的假寐里，梦见静谧的村庄
但我已经不需要倾诉
就算你坐在我的身旁
我也亮不出糖果般的甜腻
不要再说春天。如果真有春天
也不过是让我们提着渔具
走向那一片水域

失眠者有了梦境

南方的果实成熟了
荔枝低首于绿叶
她的哀伤，一只空空的箩筐
小部分的黄皮
成了鸟儿的腹中物
青草沾染了复杂的气味
徘徊于盛夏

我躺在果园里，树阴来到膝盖
带来了失眠者的梦境
那多年前言及的幸福
就像放弃美食的胖子
越来越瘦。我无力搬动
时间，这块碎石

我已无所求

东华寺的长廊迂回安静

杜鹃花开满左边的山坡

晌午的阳光照着几对情侣

他们嬉笑，拍照

像梁祝化身的彩蝶

硕大，翩跹，散落花间

他们执花前来，拂去

脸上的汗水和草籽

上香，跪拜

祈祷爱情不是一场悲剧

相爱的人拔出了岁月里的刺

而我只在门外站立

我曾像佛一样，忍耐着

那马蜂一样盲目的男子

如今我对爱情已无所求

这不是因为我爱得太多

恰恰是因为我爱得太少

就这样

会有一条道路，让我送别你
不是月下，而是灯光和高楼的阴影

那时你长发，站在舞台的右侧
我看见你清瘦的侧脸

如今你回过头说着话
仿佛时代的列车从来就是空席

你喝下一杯百香果汁
那被忽略的面目，终于获得完整

走在回忆里的人，走在送别的路上
路上的行人也走在回忆里，和我们一起

你去到那座城市，我们再无声息
而我梦想回到故乡，躺在河岸上

六月的青草暴动，腥味弥漫
我掏空一切，瞬间就忘记了你

平静的生活

我陷在黑暗的沙发里给你写信
这几乎要成为一种习惯。我想要有
一张木头的书桌，像你所拥有的那样
白纸铺开，一支吸满墨水的钢笔
代替我说出此刻的心情
说出我平静的生活，也掩藏着大海的波涛

我想象着你在远方走动，不紧不慢
有时停下脚步，观察着树上的什么
似乎千里奔赴，就是为了这一场散步
你不需要转过头来，我只需要一个侧面

这突然让我有些惊恐
一个习惯独白的人开始要对白
一定有什么东西发生了变化

这些细微的事物，对我的年龄来说，太轻
一下就给庸常的生活所遮蔽，所遗弃

而生活，它扔给我一把匕首
我以为我能完美地接住刀柄
并转身走进厨房，切下一盘西红柿

如果这样，我就不会在多年后
痛哭出声，并攥紧拳头
把鼻涕眼泪，抹在了衣服上

在云山

正是初秋。阳光唤醒睡眠
一个禁锢的人，跳出格子笼，向城市的
肺部攀爬。上山的路赤灰、袒露
仿佛一条拉链，拉开了云山的外套。仿佛
一条丰腴的手臂，从腹部开始，蜿蜒探入怀里
是不是每一条消失的路，都源于虎头蛇尾的错
终结于时光的抛弃？而我们如此健忘
总有一条尽责的路，将我们引向
终点，而终点总是相似

林中鸟鸣清脆，地下的蟋蟀歌唱，推翻
泥土的暴政。向日葵背朝大地
它臣服于秋天，献出果实，但保留了
内心的骄傲。当它洞悉，一片野花
憔悴于一场疯狂的爱情，野草挺直腰身
最终还是跪下

它昂首缄默，仿佛深谙世界的高深
灌木丛封锁了山坡，泉水淙淙流淌
一部分成为盗水者喉间的甜，更多的部分
还在途中。青苔斑驳，岩石下的鱼
吐露流水的梦想——
“我只想欢快地跑！我只想成为那决绝的瀑布！”

台阶把我送到高处，在能仁寺前坐下
香火萦绕，许愿的恋人紧紧拥抱
场景重现，我与你相遇。往事
就像缓缓的风，无须护照，越界而来
我与你相遇：取水，烧茶，抓鱼
像幕布上的两块补丁，交换贫穷
我们离去，距离成为年久的铜镜
试图把事物照得更清
我们离去，像两朵浪花，修复了
大海的孤寂
风景如此辽阔和完整
而我还未老去，还能如少女般爱你

回忆一个下午

这是一个虚妄的下午
林荫道上的落叶，丧失了表情
一小片的阳光在聚集
刚刚说出的话，是笑浪里的波涛
我们站在远处，开始沉默
我听见内心的声音，绕过久远的岁月
深陷秋天的惶惑

多年后我独自回到故乡，在山梁小憩
我看见那奔跑的身影，带动
一阵阵的山风。倒伏的野草招摇
割裂指尖。这鲜艳的红
与蓝天一起，供认出
那从未遗忘的疼痛

与友人谈生死

那些早早告别的，还没有出发
那些渴望停留的，却一去不返

“她离开之后，我失去了一半的广州”
午后咖啡馆，冷饮杯流出泪，你没有触碰

“二十岁时，她从火车上找回叛逆的我
现在，我去哪一列火车找回她？”

死亡是神的消音行动。而中年的忍耐
就是一次次在送别面前，弯下落叶的腰

生与死有何不同？死者获得永久的睡眠
生者在深夜辗转，被抽掉了睡眠

“请写下她，让她成为你文字里最特别的
大海，或者无人机一般跟随的海鸥”

蒙尘的玻璃窗外，电钻发出刺耳的噪音
——在坚硬的世界里，一切皆可破碎

为了避免一首诗陷入现实的悲伤
我们对着一盘水果，挥起了刀叉

黄昏

池塘里的喷泉有些低矮，有人在远处私语
在流动的鱼群里，我记起你侧头的惊讶
“你连黄昏都久未看见？”

但我厌倦过落日。十多年前，或者更早一些时候
散步在家乡的公路上，一片片金黄的稻田
拥抱着落日的余晖。身后
是我日夜祈祷离开的乡村中学
我以为一生就此停顿
一生就像那孤独的高山，被逃遁的夕阳反复遗弃
——无望改变了我对事物的审美

“今天我在落日下流泪，我可能在想……”
城市的灯光渐次亮起。一阵晚风，改变了我的
　体温

我把信息删除，重新打上——

“今天的黄昏真美，就像你所描述的那样”

暗巷

总有一条这样的巷子

木头的房子，低矮的屋檐，高高的门槛

不是暗于夜色，就是暗于人迹罕至

总有某一天，有某个人，独自来游荡

他有着矫健的步伐，自信能跑过黑夜

他的内心，日夜提着一盏明亮的马灯

他从东边的巷口而来，一身酒气

很快就迷失在这暗巷里

而我从西边的巷口出发

如果我不顺势拐弯，闪进另一条小道

那么，他的光亮，将穿透我

像灯塔的光拂过海面

我们面面相觑，如梦初醒

而我渴望黑暗幻影一般覆盖

两个黑暗中的人，两株植物

或者两只乌鸦，屏住呼吸

每一条暗巷都暗藏心事

我们侧身而过，仿若冬天的枝丫，忘记低头

故事

讲故事的人离去了
脚步很轻，没有惊动结局的最后一个句号
像陆地上走动的任何一个人
他从不说悲伤。仿如一个笑话
找到了藏身的折页，雀斑找到了美颜
灯光下醉酒的人，让泪水
潜入了碧蓝的泳池
也许只需要一副泳镜，就能看清池底的距离
但这仅仅是一种假设
如果故事能够稍稍倾斜
那么在最初，走在大路左边的人
一定不会张望右边的人

平安夜或毒苹果

我们开始说话，在漫长的沉默
和警戒之后。远方的海水
在拍打中，涌起泡沫的松弛
在这禁锢的土地上，那些在午夜
跳舞的人呢？她们不是往事的
残缺。但我羞于晃动身子
弯曲的月光梦见灵魂的黑夜
一双眼睛观察着吧台不远处的舞台
歌唱者的脑袋，被白烟的钩子掏空
片刻的宁静。他就要掀起癫狂的山崩
仿佛爬山虎的藤蔓扩张了十二月的危墙
仿佛我还徘徊在多年前的草地上
青草枯萎，时间的纹路被损伤
原来我一直都没有忘记，那一场黑色魔法
是一个需要交出和宽恕的毒苹果

而我们的身体嗜甜。更多的苹果被啃噬

更多的悲欣消逝而又充满渴望

我的目光越过一个个浮动的身影

听到一个声音低哝——

“那个唱歌的人，他有一顶漂亮的帽子”

虚空

我会和我的虚空一起长大

我曾以为。二十年后才知道

衰老才是唯一的礼物

我想起你在一个冬夜找我

从你的富人区来到我居住的城中村

你不愿踏入那杂乱的巷子

我也羞于让你看见我逼仄的房间

我们站在银行的台阶上，你说的男人

我当然认识。你说你要放弃

于是预演着失恋的悲伤，你想更深地投入

比如哭泣，但你只能深深地叹气

我说真累，我们在台阶上坐一会

你矜持着，拉扯着西装，一定是名贵的，我猜想

而我熟悉的离异女人就站在马路对面

我无法面对这样的她而去安慰你

“为什么要去爱呢？可以像我这样铁石心肠吗？”
我兀自抽起了烟，我说在虚空中等待吧
等待爱情还是金币？你的错愕让你俯下身
“等待虚空像废墟一般大，像古井一般深
除了时间，没有什么可以喂养”
唉，那时真是年轻，我们看见彼此脸上
严肃的虚张。我们在虚张中沮丧
风吹灭了我的烟火，也吹走了那个夜晚
我再也没有看见过你。你应该没有体验
和我一样的贫穷，你应该在继续爱着
我为此而祝愿。我们只有过短暂的敞开
我为此而庆幸。而我所说的虚空
死于白天活于黑夜，就像这一刻
我把折磨我的这一切，称之为命运

残桥

在黄昏的残桥上，一切都是灰色的
昨天它还是白色，或者是黄色
或者是蓝色。总之，是其他别的颜色
它完整，而不曾这般被肢解
它的左脚在这，一条芒果树排列的走道
右脚通向我日日归家的车站
它仰卧的长长的腰身呢？
已经被搬到某个被废弃的郊外吗？
车流从大道穿行，欣喜于重获无遮掩的亮堂
——总是这样，你所怀缅，恰是他人所遗弃
不合时宜的灰色。我在桥下张望
下班的人潮涌向不远处的新桥，健身房的小伙子
他的传单成功追赶上一个微胖的姑娘
卖花的大叔，深深的呵欠和鲜花一起，不加掩饰
穿着黑色大衣的中年女人，我听到她低声的哭泣

但我抬头撞上她的微笑。嗯，这不是真的
臆想和幻听，来自我远方姐姐的身体
衰老，多病，甘蔗渣一般被吐出被抛弃的
混账婚姻，悬如残桥。仅仅是一个夜晚
事物的改变或消逝让我们留在了原地
如果生命只留给我们灰色，羞愧的会是神吗?
而神的脸孔也是灰色的
神借一位卖艺歌手让我看见——
他的草帽是灰色的，他的眼睛是灰色的
他的歌声结出秋天的果实，裸露悲伤
那悲伤，是残桥断臂处，一根钢筋伸展着的
铁质的灰色，一次徒劳的请求

拾碎

1

你一说永远

仿佛我命已休

仿佛悼词，送我上路

2

你远离人群

寻找解脱困顿之法

我蹚过雨后积水

只要一个答案

3

遗弃她

那个在夕阳下沉默的人

她伸出的双臂

只抱住了自己

4

一场暴雨带来恍惚

我在公交车上

看见长发少年

重新回到中年的躯体

5

我去过天堂

但没有一个天使

带我回到尘世

6

一个婚姻中的男人

想要更多

神就给了他

一身的肥肉

7

一个人老了

馒头一样松软的心

成了山冈上的石头

一半深埋，一半裸露

8

满坡阳光下的杜鹃花

让我眼含泪水

它们开得越娇艳

也就越憔悴

9

遗失火种的人

来到旷野

他的忏悔

褪尽槭树一身的衣衫

10

围棋的黑子落下

人间的水土流失

他仗剑而去

从此痛恨江湖

11

一个陌生人递给我

一个老式发夹

黑色尾部缀着红色樱桃

我心如刀绞，迅速醒来

梦中的泪水溢满眼眶

12

清晨我来到寺庙

只为了探身古井

看一看这张脸

是否还干干净净

13

明月坐在河边

给我打电话

“你尘缘未了，有一天……”

有一天，我白发苍苍

却找不到一条休憩的河流

孩子还小

起风的时候
孩子还小

孩子用一根稻管
把整个大洋吸干
孩子手捧宝剑
赤脚走在田埂上
孩子在荒地种下
一棵星星树
挂上一个个季节的草球

孩子伸出手
擦拭每一只眼睛里
太阳的泪滴

受伤

我看到我的血

在黑夜流出

河流一样的声音

像一个不听话的孩子

奔离我不幸的身体

我想春天多么可怜

春天要开出多少暗红的花

日子

从最初的爱情开始

我学会思考和抒情

我看到宇宙中所有星体的背面

都有真理飞翔的痕迹

和沉默不语的眼睛

贫穷要坚持多久

才能撒下一地的光辉

让我们幸福和高尚

日子要在固体的表面滑行多远

才会让每一张写满诗歌的日历

来到人们的手上

从前

很久以前
我想写一首诗
关于一只眼睛的苏醒
它在第一道紫光中啼哭
或者是一个人
坐在树底下抽烟
心灵的工厂在隆隆轰响

我目光如炬
想写一首诗
风格是自己的
没有杀戮和平庸
献给情人或祖国
他们在我不知道的地方
看着我没有躯体地
在一首诗里立体生长

粤北的腊月

一指间的路程
灵魂的跋涉更为遥远
我静静地站在它的面前
为腊月的粤北
打扫一场记忆中的雪
白色的火焰
在我空茫的视野
静静地燃烧

雪中的孩子
她的眼睛是两颗干净的雪粒
挂满泪水
在每一条大路之外忧伤
她想从一棵树上
找回一个被风砍破的鸟窝

每一场雪都是同一场雪

下得多么干净

我听见耳边持续了三年的声音

是同一个声音

它让我站在这里

踩在腊月粤北的固体上

默无声息

黑夜内部的一场雪

纷纷扬扬

今夜的大地接纳我

就像接纳一朵轻轻飞落的雪花

我微笑的脸庞闪闪发亮

我黑暗的身体更为沉默

有些事物简明易懂

在春天的背面
有些事物简明易懂
类若时间之外的钟
肉体之上的生命
或是你初恋时的第一滴泪
需要谁的手
歌唱它们，并把它们照耀

一位诗人
他永远沉默
他的脸庞
透亮的树叶
没有花朵的文字
必将被一场山火焚烧
必将被人们遗忘

我常常想

面对一块石头或一段爱情

谁的双唇

含着玫瑰渴望平淡

谁的头颅

又为欲望所断裂，欲望

神像面前不败的香火

我喜欢在黑夜

想一些黄昏的事物，在文字间

下一场大雪。南方的雪

唯有思想在行走

不留痕迹

太阳一样的冷漠

我怎能说出
多年以来的愿望
一行数人，像一群归鸦
散落在路上
我若有若无的感情
白风衣阻隔的
太阳一样的冷漠

走过半个城市
这是所有叙述的过程
和一次短暂聚会的开始
一张圆桌
我们的分布紧密而有规则
我还没学会从一个善意的玩笑中
抬头，并保持镇定

红潮散尽

餐桌旋转

破碎的灯光运送着

一种征兆

关于工作和今晚的去向

与命运无关，我却情不自禁

频频发问

从文字中窥视一段恋情

遥远因而虚无

我还能在黑夜

保持太阳一样的冷漠

抵抗高洁的内伤

但地点在广州，时间是夏天

真实因而隐痛

我许诺过的祝福是什么

伪善的放弃就是隐蔽的坚持

一张脸转向别处

这是 12 月 6 日晚上

我唯一记取的事实

一副低度数的眼镜

焦点黯淡、模糊

谁告诉我

清晨还未到达

光亮还未生成

逃离黑暗的人

久久不能停止

对爱情宿命的凝视

事实或夏天就要盛开

一支笔温热地亲近冬眠
灵感的纸张仍然保持沉默
整个夏天
海水漫过空落的房子
我目光低垂
找不到一件事物
比蚂蚁的触须更凝重
一盏灯的亮度还不明确
致使落在黑夜之外的爱情
暧昧不清

陆续离座的友人
踩痛季风的尾部
沉实的回响
嘘声四起

六月的事实

城市像一本哲学课本
从窗口抛出
鸟群无声地飞散

一个高飞的词语
承载的一种简单
轻易地置我于死地
夏天因此就要盛开
还有一张藤椅落满灰尘
一封待读的信
像一双折叠的手
抚摸我纸样的刀锋
我跨出青春栅栏的双眼
对抗着一滴泪水隐含的
伤痛和平静

夜游

我交出我的性别
如果你介意
在凌晨时分
一棵树在黑暗中生长
让我惊讶
看到一双陌生的手
一种力量
翻阅更亮的黑暗

在夜的枝头
飞鸟已经安栖
我们像灰白的发光体
照亮高处的村庄
我的语言是一面俗气的旗帜
她描绘河流，河流已经干涸

她打开往事，往事像一片落叶
覆盖我的愿望
我最安静的死亡

最后的想象
来自对一张白纸的坚持
用触须行走的人
和我一起
在不同黑夜
给我一张闪亮的通行证
让我从他的伤口进入
一个花园或一片废墟
为之流泪和深爱

请把我的沉默一分为二
就像我们各据一端的石凳
就像夜路的尽头
我们同时伸出的手

酒吧

蓝调承载忧郁
从这个词开始
我看见从未亮过的灯
像我血管里蓝色的河流
静止地泛滥

趁秋风还未吹起
我坐在高高的吧椅上
面目模糊的人群
像谁无望的爱情
落在布满细纹的双掌间
一览无遗却难知隐喻

仿毕加索的绘画
异国他乡的姐妹

她们在一面墙上的命运

孤独、静默

在等着谁呢

一个词语种植的花园

像秋天逼近冬天

逼近荒芜

在因偏僻而安静的酒吧

我隐身光的背面

悄悄地流泪

我说我只爱一张白纸

升起的幻影与真实

我是一个没有声音的人

我一定是在某个清晨

目睹过爱情的全部

偶遇，惊喜，痛哭

直至一朵玫瑰收拢表情

一个名字无声走远

阳光真实的寒冷

不务农事的父亲年事已高

端坐墙角

我沉默着贴近过

这些苦难的影像

众生嘈杂

我还安居在村庄

还在一条路上走不到尽头

我借助锈迹斑斑的思想

开始抒情

但我是一个没有声音的人

谁会在黑夜预测我的到来

谁又在黄昏

把脚印留在我的墓前

在城市的高地

我臆造过一张脸

因为宁静而愈发忧伤

我倾心过的生活和死亡

花园和美

像五月雷声带来的深痛

在一个词汇的空隙间

永无结束

我无所经历却善于隐迹人群

这是青春隐秘的伤口

同是黄昏，我的想象

河流的两个流向

已经停止叙述

我转过身去

去年的那场大雪

干干净净

锁住我归家的

遥远的路程

告别

我终于写下了这个词
正如我多年前的癖好
在一张蓝格纸上
写满贫穷、高尚
隐忍满眶的泪水
渲染青春的悲伤
就这样蜷于生活的折页间
忽略歌唱的黑暗
隐藏着阳光的映照

在一间房子里走动、自语
暗恋的幸福无始无终
像一个丧失身躯的人
目睹灵魂用于抒情
现实用于叙事

说出的话语被记录或被遗忘
互相提醒：
一朵玫瑰应在什么时辰开放
一只蜜蜂应在清晨起床
这一切适合在一个舞台
共同演出，观众是谁？
我是黑暗里拉帷幕的人
小小的脸庞充满光亮

我偏爱日益衰败的回忆
就像你们偏爱渐渐成长的美人
谁能说出
意象的枯竭与事物的流逝
是不是来自同一座破旧的庙宇
内心的泪水渐渐生成
告别的脸孔在冬天的缄默里
一闪而过

起源

赤裸的灵魂还在对话
夜游一再变质
肯定会遭遇更孤独的背影和借口
从酒吧出来，天就要亮了
明天隐忍更大的荒谬和你的歌声
现在把速度停在哪里？
窗外的大厦正要苏醒
正要敲响一颗种子一样的心

把一只蟑螂打死
给昨天一记耳光
多年前的家当布满灰尘
像排队崩溃的人们
要么走向虚幻的幸福
要么嘲笑上帝的阴谋

把更多的人呈现给你

像欲望一样

是你命定的春天

是飞鸟烧烤出来的路

你在黑暗中的脸

阶级社会里的一声叹息

起因不明，无从考证

我是在酒吧的阴影里

独自睡眠的千百个陌生人

还未学会愤怒和拯救之前

惯于天才般的冷笑和自虐

唾弃的一生需要删改

缺席

作为城市的缺席者
我一再熟悉那遥远的景观
改变黑暗的光亮
路灯下青春的摇滚
身处酒吧和关于酒吧的梦想
那时我们绕过生活的叹息
谈论理想的深渊和天气的错误
像一场陌生的恋爱
急躁得来不及结束

一个城市的晚宴就要开始
一场小小的聚会已经进行
黑暗中的幸福和罪恶
还没来得及目睹
我的猜测让每一个夜晚

都布满回忆的阴谋
在每一个无意醒来的清晨
为一个乡村女教师的一天
我小小的心脏
充满季节的情绪和愤怒

太需要力量啦
一个人的抽身而出和重新融入
挣扎和定位
我渴望仅仅是迟到
而不是缺席
披着晨光而至
像个久燃不熄的光体
在生活还未病入膏肓
当啤酒还剩一口
我和伪善的伤感一起
轻易就成了你的话题

旧日

这是必要的预支
对好日子的挥霍和想象
应该先含着泪水
再轻轻地笑笑
让矛盾表明生活的一切

这样的倾诉或默想
要以城市为背景音乐
再让 1999 年冬天的洒水车
重新开进，沿着指尖的寒意
夜归人警惕的沉默
缓缓开过
像一个困扰生命的
简单的思考
缘于苦难的一部分

青春的大部分

留下湿漉漉的广州大道

凌晨才开始进行的夜宵

和他们谈论的半截话题

她以一个模糊的影像

从人们面前闪过

她应该是长发还是短发

她从不叙述，像个自闭的孩子

她眼神忧伤，又像受伤又像抒情

她提前看见美丽的石头

却永远滞留在冬天

像一个反复运用的冒号

一再提醒，却没有下文

在现实的藤椅中停止摇摆

这是臆想者放弃臆想的指向

关于理想和一个青年的生活

就像高烧的春天，病态和鲜花

不再发问

而晚年的回忆和去向

我已经提前搁笔

呓语

很多年了
你还是习惯一个人的光辉
习惯受尽委屈，有口难辩
在冷静中保持惊恐
你是一个怎样的人呢
忧郁，多血质
爱，厌倦
你希望热一点，更热一点
像个生活的主角，充满色彩
但永远难逃配角的命运

你二十二岁
不再用“梦想”进行表述
不再激情飞扬谈论行程
你学会了迟疑的散步

并由此痛恨幸福

你想着生活中的恋爱

是不是生活

仍需要梦幻来完美

像一场开始发生的死亡

速度缓慢

你在暗处凝视的眼睛

还未学会的赞美词

多么美

在河滩踮起脚尖

逃离的愿望让你像

被迫的隐居者

水质，忧伤

而春天始终是个拙劣的借口

那个热爱黑暗和凌晨的少年

他河流一样的脚步

善于愤怒和感伤的面容

一个无法摒弃的细节

遗留的黄昏

整个时间的内部
充满寂静的光亮
她的左脸一直承受
太阳的辐射
右脸凝固不动
唯一遗留的表情
像一段无法割舍
无法深刻的日子
"这是最后一天
新生活……"
她耽于幻想的脑袋
延续了一个漫长的黄昏

从五点到七点
她等待一场面试的开始和结束

然后是试用期

这是生活的程序

她不得不一再正视

在深圳留下阴影的人群

而远处的广州

就像新世纪的明天

充满干燥的力量

还要重复暗恋的快乐

并命名为抒情时代吗

那个模糊的影像一再出现

站在生活的边缘又隐于

文字的描述

“出租屋的贫穷坚不可摧”

她推门的双手

仍然是黄昏遗留的场景

像一场失败的叙述

平静得无法完整

童年

有时候，日子闪亮

我们很小很小

纸飞机掠过窗口

蜻蜓盘旋于水面

雨水落在山冈，没有回声

秋天的果实集体出走，怀孕

成了种子

它有着坚硬的壳

并坚持敏感的飞翔

世界由此展开

我们糖果一样的心

被包裹，又被剥开

等待

石桌上的茶还未凉
蓄谋已久的微笑正要绽开
远处的晚宴已经开始
你被芬芳的臆想包裹
而轻盈的身子绕过天桥底
反复寻找一个带来落日的人
树阴下晃出的流浪汉
击碎希冀的力量
漫无边际，无处可寻
你以为
小小的一杯啤酒
就能让时间
一再抗拒绝望
就能让命运
带点甜蜜

一颗烟和火的心

被八月缠绕的晚风

吹出了羞耻的泪水

冷下来

在清晨五点起床
把衣服洗净
将杯子的水倒掉
对着镜子密谋
一天的好心情
但我不能点燃一天的生活
不能看到一生里
被囚于黑暗的光亮

一间简陋的药店
挽救了一场重感冒
却无法让孤独的啤酒
止住泪水
一次模糊的聚会
你记住的

仅仅是白雾里浮动的言语
和那年冬天的一次死亡
阴暗，晦涩，措手不及

坐在温暖而干净的黑暗里
听到脚步正在惊醒
另一个狼狈的自己
像一块无法燃烧的石头
轻轻呼唤出声的生活
从一数到十
内心的河流正慢慢地
冷了下来

我唯一想到的

我唯一想到的还是日子
那充满恐慌和自毁情绪的青春
无法更改的自嘲和坏脾气
你看我走过人群的身影
被灯火覆盖
被颓废的音乐追赶

我梦想的幸福生活还未来临
一份卑微的工作
指向可疑的未来
作为一个面目模糊的人
我还不能越过狭窄的空间
告诉你纯净的二十岁
出租屋阴晦的小巷和表情
让她们嘲笑的性别和贫穷

我唯一想到的词语是空白

进进出出的风

上上下下的电梯

我起起落落的愤怒

被婚姻带出去很远的朋友

一个窗子带来的阳光

始终保持着懒洋洋的姿态

和轻轻的呵欠

一首诗就要结束

人物，地点，时间

仍无法说出我想说

而未说的话

心经

1

在开元寺听经

中年的流水缓缓绕过

青年时的漩涡

木鱼声中

飘零的落叶恍如疾病

2

想起你

所有的美好都不及——

在林中，你噘起嘴唇

模仿鸟儿发出“啾啾”的声响

3

她坐在紫荆树下

敲着空灵鼓

光晕处蜿蜒着单调的清响

地上的花瓣，落多一层

4

初秋，他穿着一件单衣

去了远方

她站在窗前，不觉间

又披多一件衣裳

5

火落在枝头

火狐越过山冈

在一个孩子的梦里

乌鸦降下一片祥云

6

翻越一座山，去打探亡灵的消息

啃噬一把木椅，让高位者战栗

这都不是事实

三月的罪恶让我再次认领

内心的恐惧和孱弱

7

我只想一个人，随便活着

一个人，走过削尖的田埂

摇晃，但不会跌倒

8

不知所踪的人在很久以后

墓碑清亮，一行白字——

她没有写出代表作

而狗尾巴草的一生都在结籽

9

在众多的文字里我看见
仿如春晚舞台的歌唱
他们仿佛从未拥有
失败与焦虑的黑夜
而一个闪光的烟头，在街角
再次被摁死在劣质皮鞋下

10

爱一粒尘埃而非宇宙
总有一个这样的人
选择独自坐在沙滩上
把石子扔进大海，度过一生

11

去散步，就是去遭遇一场风雨
去看被打湿的野菊，和我一样
哀伤，但不低首

12

在闹市的街头告别

一个迅疾消失

一个必定站于夜色

13

年少时我们走过官渡桥

你叫着我的名字

我探头桥下浑浊的河水

喊着秀梅、秀梅

你湿漉漉的头发编织出幻梦

你睁眼对我说回去、回去

你的故乡打动了我

正午的芦荟地没有风
田埂把农人送回了村庄
在山的那边，炊烟已经升起
懒汉也饥肠辘辘，骂骂咧咧着起了床
高处的草亭安置了我的急躁
石子掷进山塘，涟漪给出暗示
你正在来到我身边的途中
所以我不能轻易离开
所以我手搭凉棚，直到凉棚上的草
由青到黄，被冬天的风吹掉
我给你的信还在桌上
犹豫着要不要写上：
“我从未看见过你
但你的故乡打动了我”

完美的事物不总是虚妄

有没有一种美能找到对称的梦境
废黜的事物依然闪耀，从未消失

在从都，绿坡上的阳光来到脚尖
再轻盈的跳跃也无法摆脱重力的牵引

但笑声留下。一个巨大的中心
盛载从化的山和南国的冬天

建筑的蓝追逐着蓝天的蓝
几朵慵懒的白云，休憩在飞檐上

台阶延伸的小路，梅花怒放的清冷
一种诱惑。我们选择攀爬，而不是沉思

灵敏的松鼠跳过枝丫，暗红的浆果藏在灌木丛

在富足的自然里，人世是一口热炒的铁锅

而我是一个内心空荡的人。没有人可以成为

我的敌人，没有人值得我扔出仇恨的石头

或者是一根朽木。在密林的角落

在你看不见的暗处，悄悄长出聆听的木耳

从高处眺望，在风景里失语

事情就是这样：完美的事物不总是虚妄

答案

一种熟悉的腔调，我依然记得
随着黑夜穿越而来的一根针，刺穿时光的幻圈
我所拒绝的真实和谎言，是失眠无法消解的
昏暗小巷。年老的邻居洞悉我的贫穷
她善意的目光——嗯，我原谅了她昨晚的
声响。没有什么比这更绝望，我不比一群
逃窜的老鼠更自由，并且拥有更多的爱情
总得有一些什么，让我们在某一天相遇
如果是酒吧，那是啤酒杯里堆积的波浪
如果是摊档，那是狼烟四起的夜空
乌鸦也逃遁的，冬天的烧烤，填满青春的胃
唉，我又陷入了回忆。那无法探究的
所谓的理想，你坚持至今。你认为路边的乞丐
肮脏的服饰，自得的神情，恰恰体现了摇滚精神
这是一种幽默？也许你只是想暗讽什么

多年后，你有了和他一样的须发

原谅我，没有把你从你的理想中认出

我们去往珠江边，看烟花绽放

“没有爱的人，也应该拥有一个夜晚的秘密

　不是吗？”

但只看见灰蒙的江面，四散的人群

又是一次错过，有人就要哭出声来

而我们的失落足够多，足够让我们平静地告别

画地为牢的人也需要明天，我的离开只是一种

　隐藏

但我记住了你的愤怒：沙哑的嗓音，撕裂的呐喊

一种技巧的呈现。我理解为属于你的艺术

和模糊生活割裂的，一种清醒，或者沉沦

十多年后，那些曾折磨我的

你已经丢弃的，我已经遗忘的，不再给出答案

山居

没有一个句子有意义，在大寨的夜里翻阅
旧日。哪怕我曾颤抖，哪怕它曾获得同样的颤抖
不及黑暗里的灯光，不及村里的狗吠
月光下的稻田，尽职地展现人们所希冀的美
叶片藏起锯齿的锋利，谷穗低首昭示丰收
——在秋天，万物也陷入盛大的表演
只有田里噤声的青蛙，它的聒噪多么危险
现在，它在蛰伏中进入一场梦，在梦里
它回到远古的寓言，坐井观天的世界
是一轮明月的自由。远处，独木桥上传来歌声
是爱情的忧伤还是赞美？我只想起那被腐蚀的
　木头
加深了流水的不安。一只蚂蚁突然停顿
被突如其来的沮丧击倒。千百次的搬运只为
一粒饱腹的米。就让它陷入对生活的怀疑吧

就让它迷上饥饿的减肥，并坚信这是生命的对抗

而无力的始终是芦苇，暴雨折断它的头颅

我闻到茅草死亡的气味，一种刺鼻的腥

——无法思想的芦苇，让我恍惚

让我目睹现世的快乐重新成为虚幻，即使回到

那年夏天，我们谈论各自认为的艺术

以为它必将拯救我们，修饰一生的缺陷

“来吧，我们一起给旧栅栏涂上红漆”

在山居的寂静中，我又一次走上蜿蜒的田埂

窗前

风把楼下的铁皮吹远，流动的阳光
把患病的柠檬树炙烤。一整天
我在一扇窗前，倾听和空想
我看见有人在远方，被音乐的风暴覆盖
而祷告的声音更为强大。绝望带来平息
我在期待，而什么都不会发生
这样的一天，多么完整。我的膝盖
是弯曲的铁，疼痛埋伏
它要成为中年的暴动者
它要把我带离青春的现场
那一次次告别而无限流连的
黑夜。那些在其中闪现而又消失的面孔
都曾沉溺，都曾在月光下呼喊
而所有的耳朵都已关闭。眼睛关闭
那么，苦难的国度就无人拜访

人们所希冀的幸福，来临

我不能说这样的日子是虚空

而我只想从禁忌的花园里窥见真实

被贫穷折磨的，他们的悲伤

被无情蹂躏的，她们的描述

在梦中扇动翅膀，都无法飞离的现实

深陷。这是我们剩余的生活

回到一个人的孤寂，被白色身影拖动的午后

我在想象中穿过一片树林

那是一阵狂躁的曲调，传来虎啸

我以为冒险的力量就在山坡的高处

而我抵达，空无一物

秋风把窗门推开，我伏在案上，不愿醒来

凝视

在旧深渊里打捞，渐觉陌生和疲累
一张浮肿的中年的脸，一列绿皮火车呼啸而过
在故乡的河流面前，泪水不能等同于流水
我那比鹅卵石还光滑的冷漠，不值一提
“如果没有回忆，我们还能在哪个路口道别？”
路灯下，你低首走路，长发盖住前额
脚步很轻。仿佛旧时代的清苦，撞上新时代的
阳光，一种霉变的憔悴，被岁月征用
徒留的焦渴，是一千口枯井等待清泉
这还不是事情的荒谬之处
歌手逃离舞台，诗人掩藏内心
荒草覆灭田地，老牛消失于村庄
他们日日所吟唱的，也正是你所质疑的
但边缘的声音注定被铁钉般的噪音覆盖
在闪光的舞台，你将被带往高音区

“唯有赞美宇宙，我们才能拥有碎石一般的人生”

（连谈论命运都是奢侈的）

当有力的右手反抗徒劳的左手

（连谈论爱情都是苍白的）

我在黑暗中，在最后一排的角落

看见你伸手抹去十多年的光阴，那些我试图

拼凑的图景，如今显现出巨大的空洞

“只要凌晨到来，我们就没有不堪的昨日”

一场雨落在秋天的肺部，我听见一声声的咳嗽

口罩后惊恐的面容，提前结束一首诗的凝视

“我们无需告别，我们成为了另外的人”

世界如此安静，除了明天，再也没有悲伤的人

废话

我迷恋上了废话，这多余的部分
它们曾是我简约生活所警惕所剔除的
带着体温、毛躁和明暗不定的情绪
呈现。它们独自闪耀、私语
它们走近你但掩面而过
它们和我一起，留在最安全的午夜
或者在一首诗里，成为最失败的那句
我知道秋风扫荡了落叶
但落叶却是秋天最美的景致
我知道荷叶枯残于荷塘
但这残破的一生不正是我们的隐喻？
——我悲哀地发现，没有一件事物是多余的
我去哪里找寻一个多余的你？
我看见你低头梳理，像松狮狗在抖动它的毛发
我看见你在窗前抽烟，转身鲸鱼就要扎入大海

但这都不是你，他有着另外的名字
是你快速拨动吉他而弦断时的一声刺耳
惊醒了身体里的黑夜，鸟雀飞离黑树林
而你从树上掉落。我朝天空抛掷石子
那个轻盈的灵魂终于回到沉默的大地
“我们一起散步吧，一起去酒吧喝一杯”
我的渴望是十年前月光下的呓语，由幻想
和羞耻构成。而你站在彼岸，声音喑哑
退守时光的空白之书，在折页间我看见
蜷缩的我们，褶皱在青春和贫穷的最深处
如果我说对此珠江只是喘息而不是哭泣
或许你知道，这也是一句废话

回家

炉膛的火光就要带走你
仁慈赦免了炼狱
天堂也仅仅是云端
“快走啊，记得回家的路”
李花胜雪，也在送别
我的窒息加重，而一生的苦难
让你变轻。轻得让我相信
你已经起身，腾空，逃出绝命的火口
你在树梢，看见我们在烈日下
平息。看见我回到故乡
重新爱上每一个亲人
你的气味是一张木椅，我坐下
而悲伤环绕，永无结束
你二十年前的目光在一张照片上
说出隐语——

“不要哭泣，我的孩子

我将回来，七天之后”

街日

赶集的日子，我总是去找你
在街角，或者某个水果摊前
我畏畏缩缩，只喊一声外婆
这意味着一根香蕉，一块西瓜
或者是几毛零钱
我把这视为乐趣，其实是索取
你在做饭，我在浓烟里烧火
我是那个容易愤懑的孩子，喋喋不休
而你知道我有一个饥饿的胃
你让我吃完鸡蛋，再喝黄酒
你让我在灶头边，矜持地完成我的童年
门前的树在长高，变得茂盛
路过的我先是找树，再找树下的你
等我回来，树被砍伐，你也已离开
仿佛尘世没有什么值得留下，多么轻松

就像你最后忘记了我们，反复被追问
被提醒，也只拥有鱼的记忆
一生的悲欣就是一口池塘，淤泥堆积
而遗忘让你成为空白的人
让你通体透亮，在熟悉的院子
看着丧礼后的我们，大口吃起了肉

陌上

睡眠和风景，我从两者中获得真实
而不是真相。钝痛让我在半夜醒来
一列火车开往天国，声响轻微
你在座位上，紧紧地抓着把手
我能想象你的惊恐和不安。就像你
艰难的几次出门，都以迷途为笑料
我想在黑暗中接近你，以手覆盖你
在你的忐忑中加入我的，一种短暂的
信任。一种近乎自由的快乐
但黎明的阳光逼迫我看清
山峦墨绿，河流涌动
鸟鸣依然会召唤出一个春天
而春天的伤口，雨水清洗，百花掩饰
我行走于陌上，听从自然的劝谕
以时间压制悲伤，以记忆治愈伤痕

远处的村庄传来鞭炮声——

穿过这片油菜花，就是新年

新年

从此，一切都是新的
大地，山谷，河流的欢唱
春风吹拂，万物颔首
薄雾轻笼着一朵朵花蕾
时光深处遗留的一滴蜜
把芬芳的日子摊开，摊开
——这永不消逝的希望

中秋

千万年来的月亮
映照一个旧的意象
一个人走在山冈
或者走在河流的岸上
他低头沉思
慢慢地走回故乡
以前他穿着长袍
现在他披着月光

乡村葬礼

你躺在烈日下
黝黑的脸孔无限放大
在此之前，我只看见过
躺在黑暗中的人，包括我自己
是一种怎样的礼俗
让你直挺着，在木板床上
在客家围屋的水塘前
我的表哥，你的儿子
在麻木地跪拜。在一个月前
他梦见过这样的场景
如今是梦境的再现
还有真实的生活吗？我们
在梦境中完成一切，包括失去
包括在另一场葬礼上
你靠近我。那时烈火正焚烧

一具年老的躯体。我们在等待的
空隙，笑谈起过往的片段
对亡者的祭奠，就是我们相聚
从不同的路口，赶到相同的路口
我们沿着相同的路再次离开
像明日，像几十年来的每一次
我看见阳光下，你的脸庞
没有汗滴，而我们躲在伞下
连片的青山送来一丝微风
指出你的安息之地
你在晚年的故乡
完成了最后一次劳作
我们没有责怪：你不是老农
却让一片花生地带走了你

图书在版编目（CIP）数据

断弦音 / 陈会玲著. — 广州：广州出版社：花城出版社，2023.4

（广州诗词之都丛书）

ISBN 978-7-5462-3567-7

Ⅰ. ①断… Ⅱ. ①陈… Ⅲ. ①诗集—中国—当代 Ⅳ. ①I227

中国版本图书馆CIP数据核字（2022）第257558号

书　　名　断弦音

Duanxianyin

出版发行　广州出版社

（地址：广州市天河区天润路 87 号广建大厦 9、10 楼　　邮政编码：510635）

花城出版社

（地址：广州市越秀区环市东路水荫路 11 号　　邮政编码：510062）

责任编辑　霍婉兰　安　然

责任校对　李少芳

装帧设计　广州水石文化发展有限公司

印　　刷　广州市快美印务有限公司

（地址：广州市白云区广从路 410 号　　邮政编码：510545）

开　　本　880 mm × 1230 mm　1/32

印　　张　6.5

字　　数　84 千

版　　次　2023 年 4 月第 1 版

印　　次　2023 年 4 月第 1 次

书　　号　ISBN 978-7-5462-3567-7

定　　价　48.00 元

发行专线：（020） 38903520　38903521

如发现印装质量问题，影响阅读，请与承印厂联系调换。

广州诗词之都丛书

第一辑

张海鸥《素心词》

陈善壎《一串倒提年月》

高旭红《半半堂诗词稿》

黄礼孩《我的地理的光明旅行》

陈会玲《断弦音》

梁智强《修辞窑洞》